Ada Byron:
la tejedora de números

AF273727

Ada Lovelace, a la edad de 20 años.

César Alonso

ADA BYRON:
LA TEJEDORA DE NÚMEROS

ORPHEUS EDICIONES CLANDESTINAS

A las Matemáticas y al Teatro

Las primeras, que tanto me dan
y por las que vivo

El segundo, que tanto me niega
y por el que moriría

Charles Babbage.
GRABADO DE 1871 PUBLICADO POR SU FALLECIMIENTO EN
«THE ILLUSTRATED LONDON NEWS»

NOTA DEL AUTOR

El presente texto teatral surge de la necesidad de colocar en el lugar que se merece a una de las mujeres más influyentes de la humanidad: Ada Lovelace, también conocida como Ada Byron. No en vano es considerada como la madre de la disciplina que en la actualidad rige nuestra cotidianidad: La Informática.

Ada Lovelace vivió en la primera mitad del siglo XIX y fue la primera persona que implementó algo parecido a un programa de ordenador, cuando dichos términos aún no poseían la acepción que hoy en día tienen. Sus notas e investigaciones constituyeron profecías científicas de lo que hoy es la informática. Sin embargo, no se tuvieron en cuenta y fueron ignoradas durante casi un siglo, presumiblemente por el hecho de que habían salido de la mente de una mujer.

Además, se da la circunstancia de que Ada Lovelace es hija de Lord Byron, exponente del romanticismo poético, cuyas excentricidades y desvaríos están a la altura de su calidad como poeta. Ada y su padre se separaron cuando ella apenas contaba con un mes de vida y nunca más volvieron a verse. Sin embargo, ella quiso ser enterrada al lado de su padre, como si el gen dominante de los Byron constituyese un potente lazo de unión entre ellos.

En *Ada Byron: la tejedora de números*, se repasa la vida de Ada Lovelace mediante un encuentro con su padre, que nunca se produjo en la realidad. Constituye todo un viaje vital, visitando el lado más poético de las matemáticas, lleno de entusiasmo, pasión, frustraciones y reproches.

Espero que este *biopic* teatral, en el que la poesía y las matemáticas se abrazan, cumpla el objetivo de dar a conocer a una extraordinaria mujer que a pesar de su relevancia sigue siendo toda una desconocida para el mundo fuera del ámbito de las matemáticas o de la informática.

PERSONAJES

ADA BYRON
LORD BYRON
ANNABELLA (LADY BYRON)
CHARLES BABBAGE

Annabella Milbanke, lady Byron.

GRABADO DE 1840

Una mujer joven, ADA, se encuentra postrada en una cama. A su lado está sentado un hombre algo mayor que ella, BABBAGE. ADA está agitada y comienza a quejarse estridentemente. Delira. BABBAGE se muestra inquieto, sin saber muy bien qué hacer. Otro hombre más joven que el anterior, LORD BYRON, contempla la escena. Comienza una cuenta atrás en la que cada segundo es acompañado por un latido.

George Gordon Byron, lord Byron.
GRABADO DE EDWARD FINDEN EN
«THE WORKS OF LORD BYRON», JOHN MURRAY ED., 1830

60

ADA.— ¡Ya tengo la respuesta! ¡Ya tengo la respuesta!

BABBAGE.— ¡Tranquila, Ada!

BYRON.— Mi nombre es George Gordon Byron. Seguramente muchos de ustedes han oído hablar de mí. Lord Byron, es como he pasado a la historia.

ADA.— ¡Ya tengo la respuesta! ¡Es el primero el que habla y su sombrero es blanco!

BYRON.— Los Byron siempre hemos sido de naturaleza excéntrica y hemos hecho mucho ruido en la vida y en la muerte.

ADA.— ¡Blanco! No puede ser de otra forma…

BABBAGE.— ¡Tranquila, Ada!

ADA.— ¡Ya tengo la respuesta!

BABBAGE.— Descansa.

BYRON.— Un tío mío, hermano mayor de mi padre, mató a puñaladas a un vecino durante una discusión sobre la manera más correcta de colgar las piezas cobradas en una jornada de caza. Más tarde logró convencer a los lores de la Cámara, de que el homicidio había sido involuntario. Así logró evitar la horca.

ADA.— ¡Blanco! No puede ser de otra forma... Dos sombreros negros y tres blancos... Tres personas en fila, una tras otra... Cada una sólo ve los sombreros de los que tiene delante. La primera no ve nada. Espera un tiempo y al final sabe de qué color es su sombrero. Es la única que puede saberlo. ¡Blanco! ¡Es blanco!

BABBAGE.— Sí, Ada. Lo has resuelto. Cálmate.

BYRON.— Por otro lado, los Byron siempre tuvimos una especial predilección por los placeres de la vida. Cuando apenas era un niño de diez años, mi niñera me llevaba a su habitación... para masturbarme. Otras veces me propinaba palizas sin aparente causa, por cualquier tontería. También me mostraba cómo fornicaba con sus amantes. Yo era una esponja acumulando experiencias. Aprendí con rapidez. Para mí el sexo es otro lenguaje con el que hacer poesía. He mantenido sexo tanto con mujeres como con hombres. Me he expresado sexualmente con todo tipo de interlocutores. He sido estridente y promiscuo en unas ocasiones, mientras que en otras he guardado silencio sexual durante largas temporadas, en las que escribía poemas. El sexo y el verbo son dos lenguajes muy potentes y resulta agotador hacer poesía con ambos, simultáneamente. He hecho lo que he querido. Sin cortapisas; sin freno. ¿Es eso un crimen? ¿No es lo que todos quisieran hacer? Los escándalos que otros me atribuyen, nacen de la envidia y del deseo de ser ellos los protagonistas.

ADA.— ¡Blanco! No puede ser de otra forma… Dos sombreros negros y tres blancos… Tres personas en fila, una tras otra… Cada una sólo ve los sombreros de los que tiene delante. La primera no ve nada. Espera un tiempo y al final sabe de qué color es su sombrero. Es la única que puede saberlo. ¡Blanco! ¡Es blanco!

BABBAGE.— Sí, Ada. Ya lo has resuelto. ¡Muy bien! Ahora descansa.

BYRON.— La que está postrada en esa cama es Ada Lovelace. Seguramente muchos de ustedes nunca han oído hablar de ella. Es mi hija Ada. Para mí, Ada Byron.

ADA.— ¡Charles…! ¡El Telar! ¡El telar de Jacquard! ¡Las tarjetas pueden tejer los números! ¡No sólo harán cálculos, Charles! ¡Son telares matemáticos…! ¡Tapices…! ¡Las tarjetas, Charles! ¡No dejes de pensar en ello para tu máquina! Lo hemos hecho ¿verdad? ¡Lo conseguimos! La he visto funcionar. ¡Ha sido maravilloso! ¡Funciona, Charles! Lo acabo de ver. ¡Tienes que construirla! Porque cambiará el mundo ¡Prométeme que lo harás…! ¡Prométemelo!

BABBAGE.— Lo intentaré, Ada. Ahora descansa, por favor.

ADA.— ¡La máquina analítica, Charles! ¡Tienes que construirla! ¡DIOS MÍO! ¡ES INSOPORTABLE!

59

BYRON.— Ada, tranquilízate.

ADA.— (ADA *repara en* LORD BYRON.) ¿Papá…? ¿Eres tú? (BABBAGE *intenta tranquilizar a Ada.*)

ANNABELLA.— *(Entrando. Enérgica.)* ¿Qué está ocurriendo? ¡Ada! ¡Cálmate! *(A* BABBAGE, *con cierta frialdad.)* Sr. Babbage, ¿sería tan amable de pedirle a mi doncella más láudano? Está en la biblioteca. Creo que conoce el camino. ¡Dese prisa, por favor!

BABBAGE.— Descuide, Lady Byron. (BABBAGE *sale con urgencia.*)

ADA.— ¡Mamá!

ANNABELLA.— Ada, tienes que descansar.

ADA.— ¿Qué está pasando? ¿Por qué está papá aquí?

ANNABELLA.— ¿Quién?

ADA.— Papá. ¿No lo ves?

ANNABELLA.— Ada, debes calmarte, estás delirando.

ADA.— ¡Háblame de él!

ANNABELLA.— ¿De quién?

ADA.— De papá.

ANNABELLA.— No creo que sea el momento, Ada. Relájate y descansa. ¿Dónde estará el Sr. Babbage? ¿Por qué no viene con el maldito láudano?

ADA.— ¡Mamá, por favor! ¡Háblame de él! ¿Por qué me lo has apartado durante toda mi vida? ¡Tengo derecho a saberlo…!

ANNABELLA.— No te lo he apartado. Te he contado… lo que necesitabas saber… Voy a por el láudano. Te calmará.

ADA.— ¡No, mamá! ¡Espera…!

ANNABELLA *sale de la habitación y* LORD BYRON *se dirige a* ADA, *que deja repentinamente de mostrar síntomas de dolor. Parece muy tranquila y totalmente restablecida. Habla con absoluta normalidad.*

58

BYRON.— Se suponía que el cruel era yo, pero tu madre es más… «elegante» en ese aspecto.

ADA.— ¿Dónde estoy?

BYRON.— ¿Sientes mucho dolor?

ADA.— Parece que… se ha calmado completamente. ¿Qué estás haciendo aquí?

BYRON.— Quería verte.

ADA.— ¿Verme? No entiendo nada. Tú no estás…

BYRON.— Muerto. Así es.

ADA.— Entonces… yo también… ¿Estoy…?

BYRON.— No, no, no, hija mía. Estamos en tu mente. *(Pausa.)* Puedes levantarte si lo deseas.

ADA.— Mis piernas no me sostienen. Tuve una extraña enfermedad en la adolescencia y me quedé sin fuerza en ellas.

BYRON.— Lo sé, hija mía. Pero en tu mente puedes hacer lo que quieras. Yo también tenía una deformidad en mi pie derecho que me hacía caminar arrastrándolo ligeramente. Algo parecido a esto. (LORD BYRON *camina unos pasos de esa forma.*) Ahora camino con absoluta normalidad. Y aquí me tienes, a tu lado. ¡Vamos! Intenta incorporarte. (ADA *se levanta de la cama.*)

ADA.— Voy a vestirme. *(Se viste con una especie de bata, que pone sobre su salto de cama.)* No entiendo qué está pasando. ¿A qué has venido?

BYRON.— Ya te lo he dicho, quería verte.

ADA.— ¿Verme? ¿Para qué? ¿Y por qué ahora?

BYRON.— ¿Te molesta? (ADA *no responde.*) ¿Quieres que me vaya?

ADA.— ¡Durante todos estos años no has querido verme! Apenas te conozco. (BYRON *comienza a irse.*) No. Espera. (BYRON *se detiene.*)

BYRON.— ¿Hay algo que desees saber?

ADA.— *(Pausa.)* ¿Qué ocurrió? ¿Por qué nos separamos?

BYRON.— Por lo visto no fui un buen marido.

ADA.— Nunca nos visitaste.

BYRON.— Hui del país, acuciado por las deudas. Nunca fui proclive al ahorro, sino más bien al contrario. *(Pausa.)*

ADA.— ¿Cómo conociste a mamá?

BYRON.— ¿A Annabella…? Bueno… Ella me conoció a mí antes, por mi obra. Mis poemas habían cobrado gran relevancia. Coincidimos en un baile.

ADA.— Y… ¿te gustó?

BYRON.— Tu madre no era especialmente bella, aunque tenía muy buenas hechuras, que aún hoy conserva. Era inteligente, algo reservada y un poco pedante. Y sobre todo era de familia adinerada.

ADA.— ¿Siempre te has movido por el dinero?

BYRON.— ¿Hay algo más útil para disfrutar de los placeres de la vida? Siempre he empleado el dinero como medio principal para disfrutar de la vida. ¿Para qué, si no, se creó el dinero? Siempre he pensado que el dinero tendría que pudrirse cada año, como las patatas. Todo aquello que no fuese dilapidado antes del treinta y uno de diciembre, se desintegraría al día siguiente. Sin duda la vida sería más divertida; más vida.

ADA.— ¿Llegaste a enamorarte de ella?

BYRON.— ¿De Annabella? Supongo que sí. A mi manera, pero lo hice. Yo tenía fama de mujeriego y cuando conocí a tu madre mantenía relaciones con otras mujeres.

ADA.— Me han dicho que hasta con tu propia hermana…

57

Aparece ANNABELLA. *Nos hemos trasladado a varios años antes. Se dirige directamente a* LORD BYRON.

ANNABELLA.— No ha sido de mi agrado tu comportamiento de ayer.

BYRON.— ¿Qué comportamiento, querida?

ANNABELLA.— ¡Era el día de nuestra boda, George! Y me ignoraste.

BYRON.— ¡Vamos, Annabella! Sabes muy bien que es una tradición entre mis amigos que nos robemos la noche de bodas. Ya te lo dije. Lo sabías… Hoy te compensaré con creces.

ANNABELLA.— No me hiciste ningún caso en toda la noche.

BYRON.— Simplemente me estaba ocupando de nuestros invitados.

ANNABELLA.— Sí; sobre todo de las invitadas.

BYRON.— Tan sólo pretendía ser amable.

ANNABELLA.— George, no podemos comenzar así nuestra vida de casados.

BYRON.— Querida, sabes muy bien cómo soy. A las mujeres les encantan mis poemas. También te enamoraron a ti ¿Recuerdas uno de tus favoritos?

«Camina bella, como la noche
De climas despejados y cielos estrellados...»

ANNABELLA.— Déjate de poemas. ¿Qué me dices de la efusividad con la que te felicitó Augusta? ¿Te parecen normales esos besos y esos abrazos?

BYRON.— ¡Por el amor de dios! ¡Augusta es como mi hermana! No hay nada que temer.

ANNABELLA.— Pues no son esos los comentarios que me llegan.

BYRON.— La gente es muy cruel y muy envidiosa.

ANNABELLA.— No estoy dispuesta a aguantar tus desprecios. Tú sabrás lo que haces.

BYRON.— Querida, no debes sentirte despreciada. No hay motivo para ello. Ya te he dicho que hoy te compensaré.

ANNABELLA.— Dices que ayer te robaron la noche de bodas tus amigos... Pues hoy no la deseo yo. Haré que me sirvan en la habitación la comida y la cena. Ni te molestes en aparecer por allí.

Byron.— Annabella….

> Annabella *sale de escena visiblemente enfadada. De nuevo volvemos al tiempo actual. Ada, que ha contemplado toda la escena, se dirige a* Lord Byron.

ADA.— ¡Con tu propia hermana!

BYRON.— Augusta era mi hermanastra. Compartíamos padre, sí…

ADA.— ¡Eso tuvo que ser un escándalo!

BYRON.— ¿Qué es un escándalo? Un invento de la sociedad. Las personas utilizan ese término para referirse a un acto que ha hecho otro y que ellas desearían hacer.

ADA.— Fuiste muy cruel con mamá despreciándola el día de la boda.

BYRON.— Hija, la realidad es un poliedro con una infinidad de caras, una por cada persona que la experimenta. Tú has bebido de una de esas caras. La de tu madre. No diré que sea equivocada ni mucho menos. Es totalmente verdadera… desde su punto de vista. Ada, he cometido errores. Muchos. Pero, aunque suene extravagante y contradictorio, he sido honesto conmigo mismo.

ADA.— ¿Es esa tu idea de honestidad? ¿Crees que has sido honesto con mamá?

BYRON.— ¿Son más honestos aquellos que pasan su existencia reprimiéndose, atados por las normas sociales y ocultando sus verdaderos deseos? Quien es, pero no actúa consecuentemente con lo que es, está siendo un hipócrita. Yo fui e hice. Y no me arrepiento de nada. *(Pausa.)* Fue tu madre quien me abandonó cuando apenas tenías un mes. Supongo que hizo bien, yo nunca se lo he reprochado. Continuó por su camino, contigo; y yo seguí por el mío. Pero jamás he dejado de observar tus pasos. A pesar de los obstáculos que ella me puso no te he olvidado y hoy estoy aquí. *(Silencio.* ADA *tiene una diadema entre sus manos.)* Pero háblame de ti. ¿Cómo fue tu infancia?

55

ADA.— Mi infancia.

Ada se coloca la diadema. Tiene ocho años, aunque no cambia su voz ni su aspecto, sino sólo su actitud. Se lanza desde la cama, intentando volar como los pájaros. Annabella irrumpe en escena.

ANNABELLA.— ¡Ada! ¿Qué estás haciendo? ¿Otra vez en tu mundo de fantasía y poesía? ¡Deja de bailar y ponte a estudiar matemáticas! Hija mía… ¡Tienes que formarte! Debes olvidarte de tus fantasías. Tienes que convertirte en una mujer inteligente antes de encontrar marido. Las matemáticas te quitarán todos esos pájaros que tienes en la cabeza.

ADA.— ¿Marido? ¿Voy a casarme? ¿Cuándo?

ANNABELLA.— Aún es pronto. Pero no creas que dispones de mucho tiempo. Ada, debes prepararte para las dificultades que te esperan.

ADA.— ¡Yo quiero volar! He estado estudiando a los pájaros y quiero construir unas alas para poder volar. Necesito un libro en el que pueda ver bien cómo son los pájaros. Construiré unas alas y las moveré de la misma manera que ellos. Tengo también otras ideas… Como una máquina de vapor con unas alas para volar… Tendría la forma de un caballo y la máquina iría dentro. Es un poco más difícil, pero creo que puede funcionar…

ANNABELLA.— ¿Aún sigues con esas ideas locas? ¿Qué voy a hacer contigo?

Ada se dirige hacia la mesita para sacar del cajón una pequeña hoja de papel.

ADA.— He hecho un dibujo del caballo volante. Te lo enseñaré.

ANNABELLA.— ¡Ponte ahora mismo con tu lección de matemáticas y no te olvides de los ejercicios de francés!

ADA.— ¡Mira!

Annabella coge la hoja de papel que le muestra Ada, pero ni la mira y la guarda de nuevo en el cajón.

ANNABELLA.— No quiero que seas una mujer idiota, siempre bajo la custodia del marido. No podré lograr para ti una independencia completa, pero al menos tendrás tu propio criterio. No serás la mascota de ningún hombre. No vas a resignarte a estar al lado de alguien como…

ADA.— ¿Como papá? ¿Por eso hemos escapado de él? *(Acusando.)* ¡Tú me lo quitaste!

ANNABELLA.— *(Intenta hablar tranquilamente.)* Muy bien, jovencita. Ya te la has ganado. Estarás aquí encerrada hasta mañana. No saldrás en todo el día de esta habitación. Le diré a tu profesor de matemáticas que te ponga más ejercicios. Así no tendrás tiempo de mirar los pájaros ni de pensar en tu caballo para volar.

Annabella sale.

BYRON.— ¿Siempre ha sido así?

ADA.— Sí. Así transcurrió casi toda mi infancia. Rodeada de adultos, con horarios rígidos desde las diez de la mañana hasta bien entrada la tarde. Aritmética, idiomas, música, ejercicios de matemáticas… Era una instrucción intelectual espartana. Preparándome para una guerra… contra el género masculino.

BYRON.— Sus intenciones eran buenas. Quería librarte de hombres… como yo.

ADA.— Algo así. Buscaba prepararme para poder ser independiente.

BYRON.— Y eligió a las matemáticas para ello.

ADA.— Fue lo más cerebral y rígido que encontró. En el fondo no se lo reprocho. Realmente me llegaron a entusiasmar.

BYRON.— Las matemáticas parecen, en cierto sentido, como la poesía.

ADA.— Sin duda. Puedes construir con ellas verdaderos poemas. Son los hilos que manejan muchos aspectos de nuestras vidas. Un universo fantástico por el que dejar volar la imaginación.

BYRON.— Después de todo, no te ha ido tan mal con la elección que hizo Annabella para ti.

ADA.— Las matemáticas desarrollaron aún más mi fantasía… Precisamente lo contrario de lo que mamá pretendía. Y me permitieron conocer a personas fascinantes.

BYRON.— Como el Sr. Babbage.

ADA.— Sí. Pero no sólo él. Michael Faraday, Charles Dickens, Mary Somerville, por ejemplo.

BYRON.— ¿Somerville? Perdona mi ignorancia…

ADA.— ¡Es la mujer más inteligente de este siglo! Matemática, astrónoma… Yo quería ser como ella. Mamá también quería que lo fuese. Pero mientras yo deseaba sus dotes para las matemáticas, ella la admiraba como mujer. Hoy en día, su inteligencia atemoriza a los hombres.

BYRON.— Los hombres somos unos cobardes. Si una mujer se sale de lo convencional, nos infunde temor. Cuando debería provocarnos mayor interés y atractivo.

ADA.— Como mi primer profesor de matemáticas. Él sí que era un cobarde. Y eso que yo sólo era una niña.

Annabella entra en la habitación y se dirige directamente a Ada, que ahora es una adolescente.

ANNABELLA.— ¿Qué le has hecho a tu profesor de matemáticas?

ADA.— Nada. ¿Por qué?

ANNABELLA.— Dice que no conviene enseñarte más.

ADA.— No hago nada. Sólo resolver los ejercicios que me pregunta.

ANNABELLA.— Cree que has encontrado un libro donde vienen las respuestas. ¿Es así, Ada?

ADA.— ¡Claro que no, mamá!

ANNABELLA.— Me ha dicho que respondes con demasiada rapidez.

ADA.— Los resuelvo delante de él, cuando me los pone.

ANNABELLA.— Dice que pareciera que tienes una mentalidad de hombre y que eso resulta peligroso en una mujer.

ADA.— Sólo hago lo que tú me dices siempre. Estudiar. Además, ahora también estudio yo sola cosas nuevas. Me gustan las matemáticas.

ANNABELLA.— Ese hombre considera a las mujeres intelectualmente inferiores. Ada, procura no atemorizarle demasiado con tus respuestas. Actúa con sabiduría y dale alguna equivocada.

ADA.— ¿Por qué quieres que haga eso?

ANNABELLA.— No quiero que sospeche que eres demasiado inteligente. Mientras tanto sigue aprendiendo.

ADA.— No lo entiendo.

ANNABELLA.— Ada, no puedo cambiar tu condición de mujer. Te considerarán débil, te verán únicamente como una flor que sólo debe ser admirada. Algún día tendrás que casarte. Pero nadie podrá controlar tu mente ni lo que piensas. Serás tú la que domine mientras te creen delicada y pobre de ideas. (ANNABELLA *besa a Ada en la mejilla.*) Llegará el día en el que las mujeres tendrán algo que decir y quiero que estés preparada para ese momento.

34

ANNABELLA *va a ordenar el escritorio y sale de escena, observada por* ADA *y* LORD BYRON.

53

BYRON.— Parece que tu madre lo tenía muy claro.

ADA.— Sí. Pero el momento anunciado no llegó. Toda mi infancia me he sentido prisionera entre cuatro paredes. He sido una princesa encerrada en un paralelogramo. Sólo me sentía libre cabalgando a lomos de las matemáticas.

BYRON.— *(Mirando a* ADA *con admiración y pensando en voz alta.)* Habrías sido una gran poetisa. *(Silencio.)* Hay algo que no entiendo. Los primeros profesores de matemáticas son cruciales. Pueden determinar que las ames o que las odies. Algo bueno tendría ese profesor...

ADA.— Yo lo idolatraba, pero él no tenía la misma opinión de mí. No le gustaban las mujeres inteligentes. Años después, comprobé que esto era bastante habitual en la sociedad. *(Pausa.)* No sé... Sus explicaciones y ejemplos eran como pequeños cuentos para mí. Supongo que gracias a él me fascina la Lógica. Me gustaba que me planteara pequeños acertijos.

BYRON.— ¿Como ese de los sombreros? Creo que hablabas de él cuando estabas en la cama.

ADA.— Debía de estar soñando.

BYRON.— Parecías entusiasmada de haber dado con la solución. No parabas de gritar: ¡Blanco, tiene que ser blanco!

ADA.— ¡Ah, ese me lo planteó Charles Babbage! A él también le encanta la Lógica. Nos retábamos continuamente con pequeños problemas.

52

Aparece BABBAGE. *Trae consigo un encerado.*

BABBAGE.— ¡Srta. Ada! Présteme mucha atención. A ver si éste también lo resuelve con rapidez.

ADA.— Le escucho.

BABBAGE.— Tenemos cinco sombreros: tres sombreros blancos y dos negros. Y colocamos a tres personas en fila, una detrás de otra. Estas personas saben que sólo hay tres sombreros blancos y dos negros. A cada una se le pone un sombrero. Ninguna persona puede ver de qué color es el sombrero que lleva puesto en la cabeza, pero sí puede ver los sombreros que llevan las que tiene delante. Así la tercera persona puede ver los sombreros de las dos que tiene delante, mientras que la segunda sólo ve el sombrero de la primera.

BYRON.— Entonces la que está delante no ve ningún sombrero.

ADA.— *(Con una risa de aprobación.)* Así es. ¿Quieres intentar resolverlo tú?

BYRON.— *(Dudando.)* Bueno... No. Sigamos con el planteamiento.

BABBAGE.— Después de un tiempo prudencial, digamos de unos cinco minutos, una de las personas dice sin duda alguna el color del sombrero que lleva puesto. Y, por supuesto, acierta. ¿Quién es esa persona y qué color dice? ¿Blanco o negro?

ADA.— A simple vista, uno podría pensar que la que habla es la tercera persona, ya que dispone de más información al ver los sombreros de las dos que tiene delante. De esta manera, si las dos primeras llevasen puesto sombrero negro, la tercera sabría inmediatamente que su sombrero es blanco.

BYRON.— *(Interrumpiendo.)* ¡Claro! ¡Muy sagaz!

ADA.— Pero pasa el tiempo y no dice nada. Por lo tanto, las dos primeras personas no pueden llevar sombrero negro y la tercera no puede saber de qué color es el suyo. Las posibles combinaciones para las dos primeras personas son: negro-blanco; blanco-negro y blanco-blanco.

BYRON.— *(Interrumpiendo, pero hablando para sí mismo.)* Creo que lo entiendo.

ADA.— Pero el tiempo pasa y nadie dice nada. Mucho me temo que estos cinco minutos que pasan hasta que alguien habla, resultan clave en la resolución.

BABBAGE.— Por ahí va bien.

BYRON.— *(Verbalizando un pensamiento.)* Es imposible. Ninguna persona puede saber cuál es la combinación correcta.

ADA.— *(A BYRON.)* Se te escapa algo importante. *(A BABBAGE.)* Si la combinación fuese negro-blanco, la segunda persona vería el sombrero negro en la primera. Esta persona sabría que la combinación negro-negro no es posible, porque la tercera persona no ha dicho nada, por lo que deduciría que su propio sombrero ha de ser blanco.

BYRON.— ¿Y?

ADA.— Pero pasa el tiempo y tampoco dice nada. Por lo tanto, esta combinación no es posible y la segunda persona tampoco puede saber de qué color es su sombrero. En las otras dos combinaciones: blanco-negro; blanco-blanco, en ambas la primera persona lleva puesto sombrero blanco. Como pasan cinco minutos y las otras dos personas no han dicho nada, es ella la que al cabo de ese tiempo deduce y resuelve que su sombrero es blanco.

BABBAGE.— ¡Correcto! Otro que ha resuelto rápidamente. Srta. Ada, no deja de sorprenderme su capacidad de razonamiento.

BYRON.— Lo mío es la poesía, no las matemáticas.

ADA.— Bueno, como has dicho antes, las matemáticas y la poesía no están muy alejadas. Fíjate en las palabras teorema y poema ¿no suenan parecido? Demostrar un teorema constituye un poema matemático en toda regla.

BYRON.— Los teoremas son poemas de la razón.

ADA.— Y los poemas son teoremas del corazón.

BYRON.— ¡Muy atinada! *(Ambos ríen.)* Sea como sea, no hubiese podido resolver ese acertijo, aunque me hubieses dado una infinidad de tiempo.

ADA.— El Infinito… otro concepto matemático bastante poético.

BYRON.— Es un concepto universal. Yo mismo lo he utilizado en alguno de mis poemas.

*«Entonces despierta la sensación de infinito,
así que me sentí en la soledad,
donde estamos menos solos».*

ADA.— Sí. Muy utilizado, pero en realidad casi nadie lo comprende. De hecho, casi todo el mundo cree que el infinito se escapa de todos los límites.

BYRON.— ¿Y no es así?

ADA.— Depende. Por ejemplo, muchos piensan que una suma infinita de cantidades positivas da como resultado infinito. Sin embargo, no siempre es cierto.

BYRON.— ¿Cómo que no es cierto?

ADA.— No.

BYRON.— Pero vamos a ver… Si yo, por ejemplo, echo infinitas monedas de una libra en un cuenco, ¿no tengo una cantidad infinita de dinero?

ADA.— Si todas son de una libra, sí. Pero supongamos que comienzas echando en ese cuenco una moneda de una libra y cada vez que echas otra, ésta tiene la mitad del valor que la anterior. Por muchas monedas que metas en el cuenco, nunca llegarás a tener dos libras.

BYRON.— ¡No me lo creo!

ADA.— Te lo demostraré. ¡Dime! ¿Qué valor tendrá la segunda moneda que eches?

BYRON.— Si la primera era de una libra, obviamente la segunda será de media libra. Así que ya tengo en el cuenco una libra y media.

ADA.— Te queda sólo media libra para alcanzar las dos. Pero… ¿Cuánto valdrá la tercera moneda que pongas en el cuenco?

BYRON.— Un cuarto de libra.

ADA.— ¡Bien! Te has quedado a otro cuarto de libra de tu objetivo. Si echas una nueva moneda, deberá ser de un octavo de libra. Que es exactamente la misma cantidad que te quedaría después, para llegar a las dos libras.

BYRON.— ¡No me lo puedo creer!

ADA.— Cada vez que eches una moneda, estarás más cerca de alcanzar dos libras, pero nunca lo harás.

BYRON.— Por mucho que te esfuerces, nunca alcanzarás tu objetivo… ¡Es pura magia!

ADA.— No. Simplemente son matemáticas.

50

Lord Byron, *asiente, como entendiendo el razonamiento. Reflexiona en voz alta.*

Byron.— He conocido en mi vida a personas así. Que no dejan de esforzarse pero que no llegan muy lejos.

Ada.— Yo misma. No paré de esforzarme, trabajar y estudiar, pero no llegué muy lejos.

Byron.— ¿Por qué dices eso?

Ada.— Por ejemplo, por mi enfermedad, que fue otro grillete más en mi adolescencia.

Byron.— ¿Qué fue lo que tuviste?

Ada.— No lo sé. Unos médicos decían que era polio; otros apostaban por un sarampión extraño. Lo cierto es que me mantuvo más de tres años postrada en una cama. Luego utilicé una silla de ruedas, que finalmente abandoné por estas muletas. (Ada *coge las muletas y se las muestra a* Lord Byron.) Después de la enfermedad, mamá relajó su presión hacia mí. Supongo que pensaba que ya había sufrido bastante. Pero para entonces yo era la más exigente conmigo misma. Conservé voluntariamente la férrea disciplina y ni un solo día dejé de estudiar. También me enamoré por primera vez…

49

ANNABELLA *entra bruscamente en la habitación, asustando a* ADA.

ANNABELLA.— ¿Has vuelto a verle?

ADA.— ¡Me has asustado! ¿A quién?

ANNABELLA.— ¡No te hagas la estúpida! ¡Sabes muy bien a quién me refiero!

ADA.— Sí. Le he visto.

ANNABELLA.— Te prohibí que lo hicieses. Ese chico se aprovechó de tu debilidad. Te embaucó como a…

ADA.— Quizá fue la primera persona que me mostró algo parecido al amor.

ANNABELLA.— Ya veo que utilizaba en su provecho las dos horas diarias que le pagaba para que te ayudara con tus estudios.

ADA.— ¡Nunca pasó nada durante las clases!

ANNABELLA.— No te creo.

ADA.— Ya te lo he dicho. Siempre se comportó conmigo educadamente.

ANNABELLA.— ¡Qué tonta he sido! No sé cómo pude descuidarme…

ADA.— Tengo diecisiete años, mamá. Siempre he tenido a mi alrededor gente mucho mayor que yo. Entonces aparece un chico joven, con inquietudes sobre la vida parecidas a las mías. ¿Qué esperabas?

ANNABELLA.— Aprovecharse de ti… En tu estado…

ADA.— ¿Te parece que mostrarse comprensivo con mi situación es aprovecharse de mí?

Ada coge las muletas y se levanta con dificultad. Se mantiene en pie frente a Annabella, tratando de reprimir su llanto.

ADA.— ¡Mírame, mamá! Sé que soy una inválida que nunca podrá andar sin estas muletas o una silla de ruedas. Lo asumo. No me quejo. Pero detesto que se apiaden de mí: ¡Pobre Ada! ¡Tan joven e inútil! ¿Quién la va a querer en su situación?

ANNABELLA.— No digas eso, hija…

ADA.— Estoy cansada de causar lástima. Él me trata como a una persona normal. No me hace sentir que soy una chica lisiada.

ANNABELLA.— ¿Crees que yo sí?

ADA.— Sé que piensas que tus proyectos para mí se han hecho pedazos. (ANNABELLA *reacciona.*) Pero no tienes que preocuparte. Gracias a ti, seré una mujer independiente y podré valerme por mí misma. Ahora mismo en lo que menos pienso es en casarme.

ANNABELLA.— Lo siento, Ada. Es sólo que me duele que te hayas entregado al primero que se ha cruzado en tu camino.

ADA.— No me he entregado a él. Si sospechas que nos hemos acostado, puedes estar tranquila. No ha sucedido.

ANNABELLA.— No negaré que eso me tranquiliza. *(Pausa.)* Ese chico no me agrada y quiero que termines con esto.

ADA.— Mira… Mamá. Voy a ponerte un ejemplo sencillo para que te quede claro. Si me dices que no abra la ventana de tu cuarto, te obedeceré, ya tenga cinco años o cincuenta. Pero si me dices que no abra la ventana del mío… Está bien, tienes la facultad legal de hacerte obedecer hasta mi mayoría de edad. El primer caso te afecta a ti y a tu bienestar; el segundo no me concierne más que a mí. ¿Entiendes la diferencia? *(Silencio.)* Sé que hasta que cumpla veintiún años, la ley te da autoridad sobre mí en todos los asuntos. A partir de entonces, en aquellos que me conciernan únicamente a mí, dejarás de tenerla[1]. *(Silencio.* ANNABELLA *se va sin estar muy convencida.)* No volveré a estar a solas con él, si es eso lo que te preocupa.

ANNABELLA.— Te estoy agradecida por ello.

ANNABELLA *sale.*

---

[1] Párrafo extraído del libro *El Algoritmo de Ada*, de James Essinger.

48

BYRON.— ¡Estoy impresionado! ¡Hiciste que Annabella emprendiese la retirada!

ADA.— No sé qué me ocurrió ese día. Sucedió de repente, sin pensar. Fue un acto impulsivo.

BYRON.— La fuerza del amor. Le diste un buen golpe con su propia madera. No resulta tan extraño. Al fin y al cabo, ella es tu madre y tenéis mucho en común.

ADA.— También soy tu hija. Puede que algo tuyo me moviese ese día.

BYRON.— Y ese chico ¿volviste a verle, o no?

ADA.— Sí, pero no de la misma manera. No llegué a intimar con él más allá de algunos besos comprometidos. Supongo que en realidad fue un enamoramiento de adolescente hacia alguien que me trató de forma distinta. No, no sé si fue amor o una especie de idolatría. Aquel chico acabó desapareciendo de mi vida.

BYRON.— Y fue entonces cuando conociste a
   Charles Babbage.

ADA.— No, no, no. eso ocurrió un año después.

47

Entra Babbage, *portando una camarera con lo necesario para tomar el té.*

Babbage.— Lady Byron, Srta. Ada. Encantado de saludarlas.

Annabella.— Igualmente Sr. Babbage.

Babbage.— ¡Por favor! Llámenme Charles. Es para mí un honor que hayan aceptado la invitación. Estaba a punto de tomar un té. ¿Desean acompañarme?

Annabella.— Será un placer. Ada insistió mucho en que viniésemos. La dejó usted fascinada con sus explicaciones sobre su artilugio.

Ada.— ¡Mamá! ¡No es un artilugio!

Byron.— ¿Qué artilugio?

Ada.— *(A* Lord Byron.*)* En aquel momento estaba trabajando en lo que él denominó la máquina diferencial. Hablamos mucho de ella y nos invitó a su casa para enseñárnosla.

BABBAGE.— Srta. Ada, su madre está en lo cierto. Es una máquina de cálculo; un artilugio, al fin y al cabo.

ADA.— El Sr. Babbage…(BABBAGE *la mira con cierto reproche cómplice.*) Charles, ha invertido mucho tiempo y dinero en su construcción.

BABBAGE *comienza a servir té en tres tazas.*

46

BYRON.— He visto cómo le sonreíste. No me digas que Babbage te atraía.

ADA.— ¡Por supuesto que me atraía! Pero no en el sentido que estás insinuando. ¡Charles podría ser mi padre!

BYRON.— ¿Qué edad tenía?

ADA.— Cuando lo conocí ya tenía cuarenta y dos años.

BYRON.— ¿Qué te atraía de él?

ADA.— Obviamente, lo que más me atraía en esos momentos era su sabiduría y su proyecto de máquina diferencial.

45

BABBAGE.— Lady Byron, la capacidad de su hija Ada para las matemáticas me ha sorprendido sobremanera.

ANNABELLA.— Ha tenido los mejores tutores que he podido encontrar. Además, ella es una excelente alumna.

BABBAGE.— No me cabe duda de ello. En la conversación que tuvimos, se erigió en mi elemento inverso (ADA *y* BABBAGE *se ríen*) y pudimos obtener el neutro, ¿verdad?

ANNABELLA.— Lo siento… No alcanzo a comprender…

BYRON.— (BYRON *se dirige a* ADA.*)* Yo tampoco. ¿Qué ha querido decir?

ADA.— *(Riendo.)* Es una broma matemática, mamá. Cuando dos elementos inversos se suman entre sí, por ejemplo: 3 y −3, siempre se obtiene el elemento neutro, que en el caso de la suma es el 0. Como si se compensasen entre ellos.

ANNABELLA.— No sé si me gusta eso de que Ada sea su elemento inverso…

BABBAGE.— Discúlpeme, Lady Byron. Ha sido una inocente broma. Suelo modelarlo todo en términos matemáticos. Lo que quería decir es que Ada y yo congeniamos rápidamente, tras nuestra presentación la semana pasada. Tuvimos una discusión matemática, pero al final, llegamos a un punto de acuerdo.

ANNABELLA.— Entiendo…

BABBAGE.— ¿Azúcar?

ANNABELLA.— Para mí no. Gracias.

ADA.— Sí, por favor. Dos.

44

BYRON.— ¿Una semana después de conocerle te invitó a su casa?

ADA.— No me digas que después de tantos años sin preocuparte por mí, ahora vas a hacer de padre protector.

BYRON.— Es simple curiosidad.

ADA.— Días después de mi presentación en sociedad, tras haber cumplido los dieciocho años, acudí a otra fiesta en la que, entre otras personalidades interesantes vinculadas con la ciencia, conocí a Charles. Tras conversar con él, fundamentalmente de matemáticas, decidió invitarme a su casa.

43

Babbage.— *(A* Annabella.*)* Lo cierto es que me quedé tan sorprendido por la capacidad de comprensión de Ada y su interés por mi máquina diferencial, que no tuve más remedio que invitarla, acompañada por usted, a que viese mi creación.

Lord Byron interrumpe de nuevo.

Byron.— ¿Cómo fue tu primera impresión sobre él?

Ada.— Es muy amable, aunque le gusta demasiado hablar de sí mismo y de sus investigaciones. Si permaneces callado lo comprobarás.

> Lord Byron *hace un gesto de disculpa y asentimiento y volvemos a la conversación entre* Babbage *y* Annabella.

Babbage.— La máquina diferencial me ha llevado muchos años de trabajo y aún no está terminada del todo. He gastado una buena cantidad de dinero de mi propio bolsillo, aunque acabo de recibir una subvención de 17.500 libras para continuar con la construcción.

ANNABELLA.— ¡17.500 libras!

BYRON.— ¡Qué barbaridad!

ANNABELLA.— Con esa cantidad podría construirse…

BABBAGE.— ¡Me han dicho que incluso dos fragatas! Pero creo que no peco de soberbia si digo que mi máquina, haciendo cálculos, será mucho más beneficiosa para el imperio británico, que media docena de fragatas.

ADA.— Sin duda alguna.

ANNABELLA.— ¿Una máquina que hace cálculos? ¿Ya no sirven las tablas para calcular de toda la vida?

ADA.— ¡Mamá! ¿Sabes lo que es la propagación del error?

LORD BYRON, *aparte*.

BYRON.— Yo sí sé muy bien lo que es propagar errores, pero me temo que no en el terreno de las matemáticas.

ADA.— Si tienes dos números que has obtenido con un pequeño error de cálculo y los multiplicas, el error también se multiplica. Imagínate que haces un montón de operaciones y en cada una cometes un mínimo error. La propagación de este error insignificante dará lugar a un error final de proporciones enormes.

ANNABELLA.— Discúlpame, hija. Creo que me he perdido.

BABBAGE.— Lo que Ada quiere decir, Lady Byron, es que las tablas de cálculo no son totalmente precisas. Hoy en día vivimos tiempos de enorme desarrollo y cada vez hay que realizar más cálculos y de mayor complejidad. Voy a ponerle un ejemplo que entenderá perfectamente.

ANNABELLA.— Le escucho con atención.

BABBAGE.— Supongamos que tiene usted un saco lleno de peniques y se dispone a contarlos. Al final obtiene un número, pero resulta que se ha equivocado al contar y ha contabilizado un penique de menos. ¡Bueno! Un error de un penique en todo un saco no es gran cosa.

ANNABELLA.— Puede asumirse.

LORD BYRON *verbaliza su pensamiento*.

BYRON.— Un penique… siempre es un penique…

BABBAGE.— Pero imagine que debe multiplicar esa cantidad por diez. Entonces el error de un penique se habrá convertido en un error de diez. Si la vuelve a multiplicar por diez, estaríamos hablando de un error de cien peniques, es decir, una libra.

ANNABELLA.— Muy claro.

BYRON.— *(Pensando en voz alta.)* ¡En efecto! ¡Muy claro!

BABBAGE.— ¿Y si tuviese que multiplicar la primera cantidad, diez veces por diez? ¿Sabe cuántas libras de menos calcularía?

ANNABELLA.— Pues…

BABBAGE.— Yo se lo diré. ¡Unos 100 millones!

ANNABELLA.— ¡Válgame dios!

BABBAGE.— Y todo por un error inicial de un miserable penique.

ANNABELLA.— ¿Está seguro de eso?

BABBAGE.— Absolutamente. Así que puede hacerse una idea de la importancia que tiene la construcción de una máquina que sea infalible en los cálculos matemáticos.

BYRON.— ¡Maravillosamente explicado! Hasta yo lo he comprendido.

BABBAGE.— Mi máquina también comete errores, por supuesto, pero es mucho más exacta. ¿No merecería la pena invertir diez veces 17.500 libras para conseguir la mayor precisión?

ADA.— Por supuesto.

ANNABELLA.— Sr. Babbage, estoy ansiosa por ver su máquina pensante.

42

BABBAGE.— *(Risas.)* Es usted demasiado generosa, Lady Byron. Me satisface cómo la ha bautizado, «Máquina Pensante», pero yo no la llamaría así. En realidad, no piensa. Simplemente hace lo que se le dice.

ADA.— Quizá mi madre no esté muy equivocada, Charles. Al fin y al cabo, para realizar cálculos hay que pensar; y su máquina parece que los hace de manera muy exacta.

BABBAGE.— Mi máquina no piensa al hacer los cálculos, sino que funciona mecánicamente, como un reloj. Hará siempre lo mismo, dependiendo de la posición inicial de las ruedas dentadas. Después, un proceso absolutamente mecánico determina inevitablemente el resultado final. No puede salirse de esa trayectoria. No puede equivocarse a no ser que alguna pieza se dañe. No puede tomar ninguna decisión. Su final ya está predestinado por el inicio.

ADA.— Entonces, cuando nosotros hemos hecho algo muchas veces y siempre lo realizamos de la misma manera… Por ejemplo, una receta de un plato, ¿no pensamos? Caminar por un trayecto, aunque esté marcado… ¿No es pensar? Aunque sólo sea pensar en no salirnos de ese trayecto.

BABBAGE.— Sería interesante entablar una discusión sobre el concepto de pensar, en su acepción más filosófica, pero…

ADA.— A menudo, cuando alguna persona hace y habla lo que otro le manda, decimos de ella que piensa como éste último.

BABBAGE.— Yo no creo que mi máquina diferencial piense. No creo que ninguna máquina pueda pensar jamás.

ADA.— Perdone que le insista…

BABBAGE.— El pensamiento reside en el creador y en el ingeniero que construye las piezas y el mecanismo que ejecuta ese pensamiento. Mi máquina parece tener la inteligencia de poder realizar operaciones complejas, mediante sumas y restas. Pero esa inteligencia pertenece al hombre, que la ha mecanizado en la máquina.

ADA.— Disculpe mi insistencia…

BABBAGE.— No. Definitivamente no piensa.

ADA.— Para mí su máquina es un enlace directo entre el mundo abstracto de las matemáticas y el mundo de la mecánica. De alguna manera es una mecanización de la matemática. No veo por qué no se pueda ir más allá y llegar algún día a una mecanización de la inteligencia o del pensamiento.

BABBAGE.— Srta. Ada, tiene usted una imaginación ilimitada.

ANNABELLA *interrumpe*.

ANNABELLA.— Pues estoy impaciente por ver la máquina diferencial.

BABBAGE.— Por supuesto Lady Byron, acompáñenme, si son tan amables.

41

BYRON.— Divertido, gran conversador, buen docente… No me sorprende que te tuviese hechizada.

ADA.— Sólo en el aspecto científico. Ahí sí que podríamos decir que éramos almas gemelas.

BYRON.— Y Annabella ¿Qué opinaba de vuestra relación?

ADA.— Mamá nos veía como un profesor y su alumna aventajada.

BYRON.— ¿Y cómo era la renombrada máquina diferencial?

Una imagen de la máquina diferencial aparece proyectada ADA *la visualiza en su mente.*

ADA.— Era un maravilloso enjambre de ruedas dentadas, apiladas con gran minuciosidad en varias columnas. Todo ello formaba un cubo de unas treinta pulgadas de arista. Se accionaba mediante una manivela y adoptaba el sistema decimal. Cada rueda dentada en cada una de las columnas, representaba una posición. La de más abajo era la de las unidades, la siguiente la de las decenas y así sucesivamente. Si se deseaba representar, por ejemplo, el número 1625, se debía poner la rueda de abajo en el quinto engranaje, la siguiente en el segundo, la tercera en el sexto y la cuarta en el primero. Todas las demás se dejarían a cero. Una vez colocados todos los números a operar, se accionaba la manivela y comenzaba una extraordinaria sinfonía de engranajes, acompañada de una excelsa coreografía de ruedas dentadas, que se iban accionando en un movimiento general ondulatorio, fruto de los cálculos. Aquella máquina pensante, como la bautizó mamá, cobró vida ante nuestros ojos. Realmente poseía una inteligencia mecánica. Aquel día, hipnotizada por la máquina diferencial de Charles, intuí el futuro. Ahora estoy segura de que se construirán máquinas para volar. No seré testigo de ello, pero sé que ese día llegará.

BYRON.— Pero… ¿Babbage terminó de construir su máquina?

ADA.— No, el proyecto quedó estancado.

BYRON.— ¿Por qué?

ADA.— Fabricar un enjambre de ruedas dentadas de tal precisión, era un trabajo demasiado complejo y muy caro. El gobierno dejó de suministrarle fondos. Pero ese inconveniente, lejos de suponer un fracaso y que Charles abandonara, hizo que imaginase una sucesora mejorada de la máquina diferencial: «La máquina analítica» o, como yo prefiero llamarla: «El Telar Numérico».

BYRON.— ¿El Telar Numérico? ¿Qué diablos es eso?

40

BABBAGE *entra con una bandeja con tostadas, mantequilla, mermelada y dos cuchillos, que coloca sobre la mesa.*

BABBAGE.— Ada, llevo tiempo dándole vueltas a una cuestión que podría evitar el tener que recolocar a mano las ruedas dentadas de la máquina diferencial cada vez que se requiere hacer un nuevo cálculo. Eso optimizaría todo el proceso y se traduciría en un ahorro de tiempo y dinero.

ADA.— ¿En qué estás pensado, Charles? (ADA *coge una de las tostadas.*)

BABBAGE.— Vamos a ver… ¿Sabes cuál es el método óptimo para preparar las tostadas con mantequilla y mermelada?

ADA.— ¿Algo tan sencillo puede hacerse de varios métodos?

BABBAGE.— Veamos, lo habitual es *(hace las ac-*

ciones mientras las va verbalizando) coger la tostada y el cuchillo para la mantequilla… untar la mantequilla… dejar el cuchillo de la mantequilla y coger el cuchillo de la mermelada y untar la mermelada… Ya está. Si queremos comernos otra tostada repetimos la operación, ¿no?

ADA.— Sí; así se hace habitualmente.

BABBAGE.— Pues Srta. Ada… Esa no es la forma óptima ¡Todo puede hacerse de un número infinito de formas! y, por supuesto, ¡siempre existe una óptima! O… Casi siempre…

ADA.— ¿Y cuál sería la manera óptima de prepararnos las tostadas?

BABBAGE.— Organizarlo por módulos: *(Realizando la acción que explica.)* Supongamos que tenemos que preparar cuatro tostadas; pues primero cogemos el cuchillo de la mantequilla y untamos con mantequilla las cuatro. A continuación, cambiamos de cuchillo y untamos la mermelada en todas ellas. ¿Te das cuenta de la mejora?

ADA.— Se traduce en el número de cambios de cuchillo.

BABBAGE.— Así es. Esto parece insignificante porque son sólo cuatro tostadas, pero…

ADA.— El ahorro sería enorme si fuesen cientos de ellas.

BABBAGE.— Exactamente.

ADA.— ¿Y cómo se aplica esto a la máquina diferencial?

BABBAGE.— Discúlpame un momento, quiero enseñarte algo. *(Sale.)* (LORD BYRON *interviene, interrumpiendo.)*

BYRON.— ¿Pero, desde cuándo os tuteáis?

ADA.— Ahora no, papá.

BYRON.— Creo que Charles estaba enamorado de ti.

ADA.— ¡No digas tonterías, papá! Quizá estuviese sorprendido por ver tanto entusiasmo por las matemáticas en una joven de diecinueve años. Pero no creo que pase de ahí.

BYRON.— ¿Estaba casado?

ADA.— Hacía siete años que su mujer había fallecido. También había perdido a su hija. Así que se centró completamente en su nuevo proyecto de la máquina analítica, para paliar el tremendo dolor.

39

Entra BABBAGE *portando una tela.*

BABBAGE.—Ada, mira esta tela.

ADA.— Muy bonita.

BABBAGE.— Ha sido realizada por una máquina.

ADA.— ¿Cómo?

BABBAGE.— El telar de Jacquard.

ADA.— ¿Cómo funciona exactamente ese telar?

BABBAGE.— Ya sabes cómo funciona un telar tradicional y el enorme trabajo que supone ir tejiendo los hilos de la trama cuando se desea hacer un dibujo.

ADA.— Por supuesto. Es un trabajo de locos.

BABBAGE.— Supongamos que se quiere hacer un dibujo determinado. Y que para ello se pudiesen registrar con detalle todos y cada uno de los movimientos de las manos de los tejedores al construir ese dibujo. Se crearía una coreografía de manos, que podría ser transmitida a otros tejedores para que éstos la aprendan y la ejecuten con la mayor precisión. ¿Me sigues?

ADA.— Sí. Continúa.

BYRON.— Eso, que continúe.

BABBAGE.— ¡Muy bien! Si eso fuese posible, esos tejedores, incluso sin haber visto el dibujo, serían capaces de reproducirlo, simplemente ejecutando con toda precisión la coreografía de manos aprendida.

ADA.— Sí; se puede aceptar sin problemas esa conclusión.

BABBAGE.— Pues Jacquard pensó en traducir un dibujo concreto al lenguaje de movimientos y construir un dispositivo que ejecutase exactamente esos movimientos, dando como resultado el dibujo.

ADA.— Entiendo.

BYRON.— ¿Puedo saber cómo?

Una imagen del telar de Jacquard aparece proyectada ilustrando las explicaciones de BABBAGE.

BABBAGE.— El telar de Jacquard posee un complejo mecanismo formado por numerosas varillas y ganchos, y un pequeño tambor que gira, mediante el cual, suben unas u otras varillas moviendo los hilos necesarios para construir el dibujo, tal como lo haría con sus manos el experto tejedor. Y todo ello de forma automática. La intervención del tejedor se limita a proporcionar la energía para que todo el mecanismo se mueva. El telar nunca perderá la concentración ni se confundirá, a no ser que alguna de sus piezas se estropee o se rompa.

ADA.— ¿Cómo se establecen esos movimientos fijos?

BABBAGE.— Mediante unas tarjetas perforadas que se colocan en el telar. Sobre esas tarjetas impactarán las varillas simultáneamente. Aquellas que coincidan con un agujero entrarán por él, teniendo un recorrido más amplio y por ello levantarán el hilo que llevan enganchado. Las varillas que no coincidan con un agujero no podrán levantar su hilo porque chocarán con la tarjeta. ¿Lo comprendes?

ADA.— Perfectamente.

BABBAGE.— Hay muchas de esas tarjetas que se van sucediendo una tras otra, debido al tambor que gira.

ADA.— Y supongo que cada tarjeta tendrá los agujeros en los lugares precisos para que se vayan levantando los hilos correspondientes.

BABBAGE.— ¡Exacto! Existe una disposición de tarjetas y agujeros, de manera que la consecuencia final sea la construcción del dibujo.

ADA.— Pero entonces… El trabajo más importante será saber exactamente dónde hay que perforar las tarjetas.

BABBAGE.— Eso tendrá que hacerlo alguien que sea capaz de llevar el patrón al lenguaje de las tarjetas. Pero ese trabajo sólo se realizará una vez. Después, utilizando las tarjetas, se podrá repetir con exactitud el mismo dibujo cuantas veces se desee.

38

BYRON.— ¡Bravo! ¡Extraordinaria explicación! ¡Pura poesía! Tejer podría considerarse también la actividad principal en la vida. Tejemos nuestras relaciones con los demás. Somos tejedores fabricando un inmenso telar que es nuestra vida. La idea de Dios podría materializarse en el creador de las tarjetas perforadas que guían nuestros movimientos. ¿Somos dueños de nuestro destino o quizá nos movemos de acuerdo a un patrón, como los hilos del telar de ese… Jacquard?

ADA.— ¡Difícil cuestión!

BYRON.— Somos tejedores que, moviendo nuestras manos con la coreografía explicada por las tarjetas, manejamos a su vez los hilos de nuestro telar, creyendo que todo surge de nuestra propia voluntad. Voluntad transmitida por las tarjetas perforadas, creadas para fijar nuestro destino y el de la tela. ¿Te das cuenta de cómo explica esto la idea de Dios?

37

ADA *y* BABBAGE *retoman su conversación.*

BABBAGE.— El problema de la máquina diferencial es que tan sólo es capaz de realizar operaciones introduciendo manualmente los números a operar. Con esta nueva idea, se puede construir una máquina más completa. Se utilizarían las tarjetas perforadas no sólo para introducir los datos, sino también para el funcionamiento general. Funcionaría como el telar de Jacquard, donde los hilos serían los números y tanto éstos como las operaciones, vendrían codificados por las tarjetas perforadas.

ADA.— Pero… ¿el mecanismo sería algo más sofisticado?

BABBAGE.— Sí. La máquina tendría dos partes: Una parte de almacén de tarjetas, y otra parte de cálculo.

ADA.— ¡Sería como un telar numérico!

BABBAGE.— Sí, una máquina que teje los números.

BYRON.— «El telar numérico». Suena verdaderamente poético.

BABBAGE.— Una máquina analítica.

ADA.— Continúa, por favor.

BABBAGE.— Supongamos que tuviésemos tarjetas perforadas de dos clases. En dos montones: uno que codifica números y otro que codifica operaciones como la suma, la resta, la multiplicación… Se trata de escoger los números a operar y luego la operación que se quiera aplicar. Con estas tarjetas empezará a funcionar el telar y el resultado de la operación será un número que se grabará en otra tarjeta perforada, que pasará al montón de números.

ADA.— De esa manera el humano no tiene que intervenir en ninguna de las operaciones, colocando las ruedas dentadas en los engranajes correspondientes.

BABBAGE.— No, no, no… Todo eso también lo haría la propia máquina.

ADA.— Tengo una pregunta, Charles. ¿Cómo se hará el proceso de elección de las tarjetas

a «tejer», por así decirlo, y la posterior colo-
cación de la tarjeta resultado en el montón
adecuado? ¿A mano o también de manera
mecánica?

Babbage.— Ada, tu velocidad de razonamiento
es extraordinaria. Eso podría resolverse mediante un tercer tipo de tarjetas perforadas,
que no codifican exactamente ni números ni
operaciones, sino… Transiciones. (Babbage y
Ada *se quedan en silencio mirándose.*)

Byron.— No me lo puedes negar. Estoy seguro
de que estaba enamorado de ti.

Babbage.— Ada, creo que es mejor que lo de-
jemos aquí por hoy. *(Va a por la tela. Se gira.
Mira a* Ada.*)*

Byron.— ¿No ves cómo te mira?

Babbage.— Ha sido un verdadero placer expo-
nerte mis ideas. *(Sale.)*

Ada.— Espero volver a verte pronto.

36

Byron.— ¿No me negarás…?

Ada.— Déjalo, papá.

Byron.— ¿Cómo puedes estar tan ciega como para no darte cuenta?

Ada.— ¡Por favor!

Byron.— ¿Nunca pensaste en él como marido? Lo cierto es que no hubiese sido un mal partido.

Ada.— No sé… Quizá en algún momento lo haya hecho… Yo lo admiraba mucho y eso a veces puede confundir los sentimientos.

Byron.— Tenía dinero y la diferencia de edad en favor del hombre, no es ningún problema, sino más bien al contrario, algo aconsejable y frecuente.

Ada.— La realidad fue que Charles no llegó a proponerlo.

Byron.— Me resulta extraño que nunca hubiese algo más… Aparte de matemáticas, claro. Sin duda tu relación con él era poco usual entre un hombre y una mujer. Pero estás en tu derecho de guardártelo. *(Silencio de Ada.)* En fin… y ¿qué sucedió con la máquina analítica, el telar numérico? ¿Se llegó a construir o su destino fue el mismo que el de su predecesora?

ADA.— La construcción de esa máquina iba a ser muy complicada. Mucho más cara que la inacabada máquina diferencial. Charles pensaba aplicar la energía para mover todo el mecanismo, con una máquina de vapor. El prototipo que pensaba construir sería de enormes dimensiones.

BYRON.— ¿Como cuánto de grande?

ADA.— Sin duda bastante más grande que esta habitación. Por otro lado, el gobierno había dejado de suministrarle fondos para la máquina diferencial y no podía ir a pedir una nueva subvención argumentando que había abandonado el proyecto anterior por uno más sofisticado y costoso.

BYRON.— ¿Y no estaba dispuesto a financiar la construcción de la máquina por sus propios medios?

ADA.— No podía acometer ese gasto. No era asumible. Toda su fortuna no sería suficiente.

BYRON.— Bueno… Y entonces… ¿Qué sucedió?

ADA.— Charles necesitaba darle publicidad a su nueva idea para conseguir nuevos fondos. Hizo un viaje a Turín donde coincidió con varios matemáticos a quienes les contó su idea.

35

Entra BABBAGE *entusiasmado, puede que con un pañuelo, con el que se quita sudor.*

BABBAGE.— Ada, en Turín he contactado con un matemático muy prometedor, Luigi Menabrea. Se ha ofrecido a escribir un artículo sobre la máquina analítica, en el que pretende exaltar sus aplicaciones a las matemáticas. Estoy seguro de que ese artículo sería un gran impulso y me daría argumentos para pedir una nueva subvención al gobierno.

ADA.— ¡Eso sería estupendo! Charles.

BABBAGE.— Piensa publicarlo en una revista suiza. Le he instado a Menabrea que no deje de consultarme cualquier duda que le surja.

ADA.— ¿En qué idioma será escrito el artículo?

BABBAGE.— En francés, claro.

ADA.— Yo podría traducirlo al inglés, para darle más difusión aquí.

BABBAGE.— Ada… Pero eso sería malgastar tu intuición y mentalidad matemática.

ADA.— No pienses en eso.

BABBAGE.— No Ada, creo que...

ADA.— Charles, de verdad, lo haría encantada.

BABBAGE.— *(Se le ocurre una idea.)* ¿Por qué no escribes uno nuevo por ti misma? Estoy seguro de que sería de enorme utilidad para nuestra idea de mejorar la máquina analítica.

BYRON.— ¿Te has dado cuenta? «Nuestra idea». Babbage te consideraba una colega y no una alumna aventajada.

ADA.— Debemos ser prácticos, Charles. Soy mujer; un artículo firmado por mí no tendría la misma relevancia para tu propósito. Pienso que es más acertado que simplemente traduzca el que escriba Menabrea.

BABBAGE.— Lo presentaremos como la traducción del artículo de Menabrea. Pero añadiremos un anexo con tus propias notas. ¿De acuerdo?

ADA.— Está bien, lo intentaré.

Babbage sale de escena.

34

BYRON.— ¿Tradujiste el artículo?

ADA.— Sí. Lo hice. Al final las notas ocuparon el triple de espacio que la traducción.

BYRON.— ¿El triple?

ADA.— Sí. A medida que iba traduciendo, me surgía la necesidad de explicar algunas cuestiones que no quedaban del todo claras. También se me ocurrían nuevos aspectos que yo consideraba fundamentales. Analicé a fondo la máquina analítica y traté de aventurar todas sus posibles funcionalidades. No es sólo una máquina de calcular. Es mucho más. Ni siquiera Charles lo había visto. Por lo pronto, podría realizar operaciones no solo con números enteros, sino con números de infinitos decimales. Incluso presentar resultados en notación algebraica y no sólo numérica.

BYRON.— Mi nula formación matemática me impide seguir tu razonamiento.

ADA.— Creo que el mundo se sorprenderá al conocerla y significará un avance tan importante o más, que el que supuso la revolución industrial.

BYRON.— Tal como lo cuentas, veo una pasión similar a la mía cuando escribo poemas.

ADA.— ¡No te haces una idea de cuántas investigaciones valiosísimas se han estancado porque los cálculos requeridos exceden la facultad de los científicos! ¡Cómo desalientan los cálculos largos y áridos al hombre de genio, que necesita dedicar todo su tiempo a la reflexión, y que se ve privado de ella por la rutina material de las operaciones matemáticas![1] Esa máquina cambiará la concepción de las matemáticas y creará un nuevo campo separado de ellas.

BYRON.— Ese será tu legado. Tu gran poema. Estoy orgulloso de ti, Ada.

---

[1] Párrafo extraído del libro *El Algoritmo de Ada*, de James Essinger.

33

Entra BABBAGE.

BABBAGE.— Ada. Este artículo posee una extraordinaria descripción de las capacidades de la máquina analítica. La traducción del artículo de Menabrea es excelente, pero lo más valioso son tus notas.

ADA.— Me siento muy halagada.

BABBAGE.— Me resulta especialmente interesante tu *Nota G.* (*Vuelve a leer la* Nota G.)

BYRON.— *¿Nota G?*

ADA.— Sí, enumeré las notas siguiendo las letras del abecedario.

BABBAGE.— Hasta ahora yo imaginaba el funcionamiento de la máquina analítica como una sucesión finita de pasos para hacer cada una de sus tareas. Esa nota echa por tierra esta conjetura. Describes un método para calcular cualquier número de Bernoulli, por lejos que se encuentre.

Byron.— ¿Números de Bernoulli?

Babbage.— Además tu método podría estar ejecutándose toda la vida, presentándonos los números de Bernoulli uno tras otro. Y lo más sorprendente es que no se necesitarían cada vez más tarjetas perforadas, sino que con un puñado de ellas podrías hacer ese cálculo infinito. *(Continúa hojeando las notas.)*

Ada.— Así lo creo.

Byron.— ¿Números de Bernoulli? ¿Cálculos infinitos con un puñado de tarjetas? Quiero entender semejantes hallazgos, pero me pierdo.

Ada.— Intentaré explicártelo. (Ada *va a por el encerado.)* Si logras entenderlo volverás a ver la magia de las matemáticas.

Byron.— ¡Adelante! ¡Por favor!

Ada.— Los números de Bernoulli, son llaves que abren puertas hacia atajos cuando se realizan grandes operaciones matemáticas.

Byron.— *(No habiéndolo comprendido muy bien.)* Ya…

Ada.— *(Escribiendo en el encerado.)* Te pondré un ejemplo. Imagina que quieres calcular la suma de los números desde el 1 hasta el 100.

Supongo que harías la siguiente suma: 1 + 2 + 3 +… + 100 ¿No?

BYRON.— Obviamente.

ADA.— El resultado es 5050. Pues también podemos llegar a esta cifra mediante la siguiente expresión: (100 × 101) / 2 = 5050. Pero lo más curioso es que esta situación se da siempre. Es decir; 1 + 2 + 3 +… + N, se puede calcular mediante la fórmula: N × (N+1) / 2.

BYRON.— Eso sí lo entiendo.

ADA.— Si para resolver un problema necesitases sumar una secuencia de números como esa, en lugar de hacer todas las sumas, sólo tendrías que hacer dos operaciones: una multiplicación y una división. Ése es el atajo. ¿Entiendes?

BYRON.— Entonces, ¿esta fórmula es un número de Bernouilli?

ADA.— No. Ten paciencia. Imagina que quieres sumar la misma secuencia de números, pero elevando cada uno al cuadrado. Es decir: $1^2 + 2^2 + 3^2 + … + N^2$. Pues esta secuencia también tiene otra fórmula equivalente con menos operaciones; y lo mismo para la secuencia $1^3 + 2^3 + 3^3 + … + N^3$. También existe otra fórmula con menos operaciones. Lo mismo para la secuencia elevada a la cuarta potencia… ¡Otra fórmula con menos operaciones! Y así sucesivamente.

BYRON.— Entiendo…

ADA.— Pues existe una fórmula general, «mágica», que engloba todas las demás. Esta:

$$1^p+2^p+3^p+4^p+\ldots+N^p=(B_{p+1}\times(N+1) - B_{p+1})/(p+1)$$

En ella, este (B_{p+1}) es un número de Bernoulli, en concreto, el que ocupa el lugar p+1. Si, por ejemplo, es elevado a la 14, sabiendo el número de Bernoulli que ocupa el lugar 15, se puede resolver esa suma fácilmente. Si es elevado a la 46, se debe conocer el que ocupa el lugar 47.

BYRON.— Lo entiendo.

ADA.— Así pues, imagina lo importante que es conocer esos números «mágicos», porque no sólo aparecen en esta fórmula, sino en otras muchas, necesarias para hacer cálculos muy complejos.

BYRON.— Me hago una idea de su importancia.

ADA.— Pero calcular los números de Bernoulli no resulta nada fácil. Para obtener uno concreto, por ejemplo… el cuarto, necesitamos saber antes el primero, el segundo y el tercero. Y si fuese el que ocupa el lugar

47, necesitaríamos calcular antes todos los anteriores.

Byron.— Ya. Una tarea ingente.

32

ADA.— Y cada vez más complicada cuanto más alto sea el número de Bernoulli que quieras calcular. Sin embargo, en la *Nota G* del artículo, conjeturo que la máquina analítica podría obtener los infinitos números de Bernoulli y para ello no sería necesario perforar más y más tarjetas a medida que avanzamos en altura, sino que con unas pocas se podría hacer ese cálculo infinito.

BYRON.— Cálculo infinito con unas pocas tarjetas.

ADA.— Efectivamente. A ver cómo te lo explico…. ¿Crees que se podría ascender todo un árbol de altura infinita con un tramo de escalera de tan solo diez pies?

BYRON.— Obviamente no.

ADA.— Depende de cómo sea el árbol. Imagina que ese árbol tiene ramas lo suficientemente gruesas como para poder apoyar la base de la escalera, con una separación entre ellas menor de diez pies. ¿Cómo subirías?

BYRON.— Pues…. Subiría a la primera rama con la escalera. Luego la recogería para apoyarla en esa rama y subir a la siguiente…

ADA.— Y así sucesivamente….

BYRON.— Podría ir ascendiendo por el árbol, de rama en rama…

ADA.— Hasta el infinito. Y con una escalera de solo diez pies.

BYRON.— Muy ingenioso.

ADA.— La *Nota G* era como una receta escrita en unas hojas, para obtener los infinitos números de Bernoulli. En ella el tramo de escalera representa la cantidad de tarjetas perforadas y las ramas del árbol son los números de Bernoulli. Resulta que apoyándose en cada número de Bernoulli se puede alcanzar el siguiente sin que se necesiten nuevas tarjetas.

BABBAGE.— Un cálculo infinito con recursos finitos. Tus razonamientos al respecto son magistrales. En estas notas, reinterpretas las propiedades de la máquina analítica para que puedan ser aplicadas a otros campos, ajenos a las matemáticas. Algo en lo que yo nunca he creído. ¿De verdad crees que se podría incluso componer música?

ADA.— Así lo conjeturo. Charles, ¿Por qué quedarse en las matemáticas?

BABBAGE.— Porque esto son matemáticas, Ada.

ADA.— Pero las matemáticas son un lenguaje. Un lenguaje muy preciso que es capaz de describir la realidad sin ambigüedades.

BABBAGE.— Puedo aceptar eso, aunque sólo hasta cierto punto.

ADA.— El concepto de operación, no está restringido sólo al ámbito matemático y una operación, podría definirse como algo que actúa sobre uno o más objetos, para transformarlos. ¿Cierto?

BABBAGE.— Así es.

ADA.— Entonces, si en lugar de números utilizamos objetos, no necesariamente matemáticos, y definimos operaciones específicas que se apliquen sobre ellos, ¿no podría realizarlas la máquina analítica?

BABBAGE.— Es posible que sí.

ADA.— Muchas de las normas que rigen la música podrían enunciarse en términos matemáticos. Entonces, ¿qué diferencia conceptual hay entre la resolución de una ecuación o la composición de una pieza musical?

BABBAGE.— Puede que no mucha.

ADA.— Entonces, ¿por qué no se pueden modelizar con las matemáticas otro tipo de problemas de la vida cotidiana? Al fin y al cabo, la máquina analítica es una traducción a las matemáticas del telar de Jacquard. Ha saltado desde una realidad tan cotidiana como tejer, hacia la abstracción matemática. Hemos logrado tejer números con ella. Saltemos ahora de vuelta desde las matemáticas para tejer soluciones a problemas de campos diferentes.

BABBAGE.— Ada, eres… ¡maravillosa!

ADA.— Aún tengo otra conjetura, que no he mencionado en las notas.

BABBAGE.— ¿Cuál es?

ADA.— ¿Por qué no hacer que la máquina pueda tomar decisiones en base a los cálculos intermedios que realice?

BABBAGE.— ¿Qué quieres decir?

ADA.— Me refiero a que algunas operaciones, dependan de los resultados de cálculos anteriores. Entonces sería una verdadera máquina pensante, como bautizó mamá a la vieja máquina diferencial.

> BABBAGE *besa a* ADA. *Después, ambos se miran como confundidos sin saber qué decirse. Tras una pausa* BABBAGE *sale de escena.*

29

BYRON.— Querida… Sin duda lo que Charles sentía por ti era más que amistad. Yo diría que era un verdadero amor.

ADA.— No negaré que Charles…

BYRON.— ¡Charles! ¡Charles Babbage!

ADA.— Si no hubiese tanta diferencia de edad…

BYRON.— Tú dominas las matemáticas, pero yo soy un experto en las cuestiones del amor. Si hubiese un catálogo de amores, estaría firmado por mí. Los he experimentado todos…, verdaderos y sobre todo ficticios. Y el tuyo con Babbage era de los primeros.

ADA.— Ya te he dicho que podría ser mi padre.

BYRON.— El amor no entiende de edades, Ada… Siempre es adolescente. Charles no sólo te tenía estima y creo que tú no le tenías sólo cariño. Ese beso que se te ha derramado de tus recuerdos secretos os delata…

ADA.— No… Sólo nos unía el amor común a las matemáticas…

BYRON.— Y ese amor compartido os llevó a otro. La pasión común por las matemáticas desató la más común de las pasiones…

ADA.— Ese beso nunca debió producirse. Fue un lamentable desliz que…

BYRON.— Tu secreto está a salvo. Soy como una tumba. Nunca mejor dicho.

ADA.— Yo no buscaba nada de eso.

BYRON.— Los hallazgos más valiosos son los que no se buscan. ¿Llegaste a acostarte con él?

ADA.— ¡Papá!...

BYRON.— Confío en que lo hayas hecho.

ADA.— No… pienso responder a eso…

BYRON.— Sería absurdo no haber ido más allá. ¿Qué sentido tiene tomar sólo un sorbo de un exquisito elixir, cuando se te ofrece todo un vaso?

ADA.— ¿No conoces el remordimiento?

BYRON.— Remordimiento, arrepentimiento… Son términos hipócritas, inventados por la razón contra los actos sinceros del corazón. No. No los he experimentado. No están en mi vocabulario. Lo que sí he sufrido en ocasiones es la nostalgia de lo no ocurrido. Y eso sí que desgarra por dentro. Revivir locuras cometidas, es una delicia, mientras que imaginar oscuros deseos no perpetrados, supone una verdadera tortura.

ADA.— No quiero hablar más de ello…

BYRON.— Como quieras. Sólo diré, si me lo permites, que vuestro amor fue como demostrar un teorema en el que erais hipótesis complementarias verificando una condición necesaria y suficiente.

28

ADA.— Se diría que te has convertido repentinamente en un matemático …

BYRON.— La matemática del amor, querida
Ada, es mi especialidad.

ADA.— Pues yo diré que nuestra relación fue
más bien una paradoja matemática sin solución posible.

BYRON.— Ese término, «paradoja», ¿tiene el
mismo significado en matemáticas que en el
lenguaje natural?

ADA.— No exactamente. En matemáticas, es
una especie de bucle en el que puedes que-
darte atrapado buscando una respuesta. Son
como remolinos de los que sólo se puede salir, desistiendo de encontrar una salida.

BYRON.— ¿Podrías ponerme un ejemplo que yo
pueda entender?

ADA.— En un puente hay un adivino que todo
lo sabe. A cada persona que intenta atravesar

el puente le pregunta a dónde se dirige. El que diga la verdad, pasará, pero el que mienta será inmediatamente decapitado. Un matemático se acerca al puente y ante la pregunta del adivino sobre a dónde va, le contesta sin titubear: «A que me cortes la cabeza». El adivino se dispone a decapitarlo, pero cae en la cuenta de que si lo hiciera, el matemático habría dicho la verdad; con lo cual, no puede hacerlo. En cambio, si lo deja pasar sin ser decapitado, debería haberlo hecho, por haberle mentido.

BYRON.— ¿Qué hizo el adivino al final?

ADA.— No sé… Se tiró por el puente.

BYRON.— ¡Verdaderamente extraordinario! Siempre me han aborrecido las matemáticas. Si me las hubiese mostrado alguien como tú, seguro que las amaría.

ADA.— Son un lenguaje universal que puede explicarlo todo. Hasta lo inexplicable, como las paradojas.

BYRON.— O como el amor entre Charles y tú.

ADA.— ¿Podemos cambiar de tema?

BYRON.— De acuerdo. Cambiemos de tema. ¿Qué ocurrió con la traducción del artículo y tus notas? ¿Fueron difundidas convenientemente? ¿Resultaron de utilidad para la obtención de fondos?

ADA.— Poco tiempo después recibí una carta de Charles. Días antes, había solicitado una entrevista con Sir Robert Peel, el primer ministro.

ANNABELLA.— ¡Ada! Ha llegado esto para ti. Es del Sr. Babbage.

ADA.— Gracias mamá.

ANNABELLA.— Espero que sean buenas noticias.

Ada abre la carta. Babbage entra en escena y se sitúa en proscenio a la izquierda, mirando a público.

BABBAGE.— «Querida Ada:

Sir Robert Peel me ha denegado los fondos para construir nuestra máquina. Me dijo que en estos momentos las prioridades han de ser las necesidades sociales. Además, me reprochó en mis narices el dinero concedido para la primera máquina diferencial: "El coste de dos fragatas y todo para que finalmente no fuese construida", me dijo. Yo me enojé en exceso y no recuerdo muy bien lo que sucedió a continuación. No creo que el primer ministro vuelva a recibirme después de nuestra conversación. Ya sabes que lo mío no es la política y suelo decir lo que pienso sin ningún tipo de filtro. Lo siento mucho Ada. ¡Todo se ha estropeado!».

ANNABELLA.— ¿Qué dice, Ada?

ADA.— No habrá financiación del gobierno para la construcción de la máquina analítica.

ANNABELLA.— No puede ser….

ADA.— Mucho me temo que Charles no se ha mordido la lengua y ha ofendido al primer ministro por su negativa. (Llora desconsolada.)

ANNABELLA.— Ada… No te des por vencida. Debéis continuar trabajando en la difusión del proyecto. No debes tirar la toalla. Podéis buscar mecenas dispuestos a hacer aportaciones económicas. ¿Dónde está aquella Ada que deseaba construir una máquina para volar? He visto tu entusiasmo en ese escrito en el que has trabajado tanto y en las explicaciones que me dabas y que yo no entendía. Ese entusiasmo me convenció de que vuestro proyecto es realmente revolucionario. No puede irse todo al traste por un puñado de libras.

ADA.— No es un puñado de libras, mamá.

BYRON.— *(Al público.)* Es una constante en la historia, el que las buenas ideas tengan enormes dificultades para obtener los medios que las lleven a cabo. Ignorancia, tozudez e injusticia, son hermanas inseparables, hijas de la política.

ANNABELLA.— Deberías reunirte con el Sr. Babbage cuanto antes y buscar estrategias para obtener financiación.

ADA.— Sí. Debo hablar con Charles y convencerle de que aún es posible construir la máquina analítica.

ANNABELLA.— Voy a prepararlo todo. Esta misma tarde irás a ver al Sr. Babbage.

Sale Annabella.

BYRON.— ¿Le visitaste? ¿Hablaste con Charles Babbage?

26

ADA.— ¿Qué ha ocurrido Charles?

BABBAGE.— Ya lo sabes. El gobierno no está dispuesto a darnos ni una libra más. No podremos construir la máquina analítica.

ADA.— Quizá podamos conseguir algunos socios que nos patrocinen.

BABBAGE.— Nadie va a aportar dinero alguno sabiendo que el estado nos da la espalda.

ADA.— No debemos darnos por vencidos.

BABBAGE.— Es necesario mucho dinero, Ada. Además, últimamente me he aislado demasiado trabajando en el proyecto y creo que soy considerado como un lunático al que nadie entiende. ¿Crees que en esas condiciones se atreverían a poner en juego su dinero? La envidia y la mediocridad se ha instalado en la clase dominante.

ADA.— ¿Qué le dijiste a Sir Robert Peel?

BABBAGE.— Es otro de ellos. Un ignorante que ha llegado al poder a base de favores que ahora tiene que devolver. Le dije a la cara lo que pensaba.

ADA.— Charles, decirle a la cara a los demás lo que piensas de ellos no es acertado en este momento.

BABBAGE.— ¡Que se metan su dinero donde mejor les quepa! ¡Son todos unos bastardos!

ADA.— Debes tranquilizarte. Creo que todavía hay alguna posibilidad de arreglarlo.

BABBAGE.— Me cuesta mucho entender la escasa altura de miras de los que nos gobiernan.

ADA.— Entiendo tu enfado, pero debes escucharme. *(Pausa.)* Voy a hablarte con toda franqueza. Dadas las circunstancias, si queremos reconciliarnos con el gobierno, creo que debes echarte a un lado y pasar a un segundo plano en las cuestiones más políticas. Déjame a mí la labor de gestión, planificación y obtención de fondos. Tú dedícate por entero a los aspectos técnicos que comportan la construcción de la máquina.

BABBAGE.— Si no confiase en ti, diría que quieres humillarme ante esa manada de ignorantes envidiosos.

ADA.— No te estoy humillando. Simplemente quiero hacer todo lo posible para que el mundo vea tu creación.

BABBAGE.— ¿Pretendes recluirme como a una rata de laboratorio?

ADA.— No te estoy recluyendo, Charles. solo te pido que me dejes a mí las negociaciones.

BABBAGE.— Mi dignidad es muy importante. Más importante incluso que la máquina analítica.

ADA.— No puedo creer lo que estás diciendo. ¿Te das cuenta de que podrías estar hurtando al mundo una herramienta que propiciaría insospechados avances?

BABBAGE.— Eso nunca lo sabremos Ada. Así que no eches a volar tu fantasía. Quizá ese mundo al que te refieres aún no esté preparado para que se le concedan esos avances. No estoy hurtando nada. No voy a sentirme responsable de ello. Me he pasado toda la vida estudiando, investigando e ideando dispositivos para facilitar los cálculos matemáticos. Tú, les has dado una mayor dimensión, con tus conjeturas sobre su aplicación a otros ámbitos. Le has dado universalidad a la máquina analítica. Pues bien, si el universo no quiere que eso se haga realidad, que así sea. Amén. (BABBAGE *recoge los papeles y se dispone a irse.*)

ADA.— Después de todo nuestro esfuerzo. ¿Lo vamos a dejar aquí?

BABBAGE.— *(Babbage se vuelve.)* Quedémonos con el camino recorrido, Ada. Con todo lo vivido juntos y con esa colección de momentos maravillosos.

BABBAGE *se va.*

25

BYRON.— Esto es una ruptura amorosa en toda regla.

ADA.— ¡Estábamos tan cerca de nuestro objetivo!

BYRON.— Creo, querida Ada, que Charles se comportó como un niño al que le niegan un juguete deseado y la forma de mostrar su pataleta infantil, fue tirarlo todo por la borda. Sus dos amores: el científico y el que tenía por ti, se le tornaban complicados de gestionar, pero debería haber tenido la valentía de enfrentarse a ambos y no salir huyendo. Sin embargo, aprovechó el no haber conseguido los fondos económicos, para abandonar su proyecto y de paso romper contigo. «Como no obtengo lo que quiero, me enfado y no respiro». Destruyó la baraja porque no poseía una buena mano. Una actitud cobarde e infantil que lo llevó a tomar la absurda decisión de poner distancia entre vosotros. La distancia. Curiosa compañera la distancia. En cuestiones del amor, la distancia, aliada con el tiempo, aplaca cualquier pasión. Es como una piedra de lava que se enfría y endurece, o como un grito estridente, cada vez más agudo, más agudo, hasta que deja de oírse.

Ada.— Distancia y tiempo… ¿También funcionó con nosotros?

Byron.— No. El amor entre padres e hijos es diferente. Nunca se enfría del todo. Aunque no haya contacto, el recuerdo actúa como un fuelle que impide que la brasa se extinga.

24

ADA.— ¿Cómo puedes decir eso? Apenas tenía un mes de vida cuando desapareciste. ¿Qué brasas se pueden formar en ese tiempo? No tengo ningún recuerdo de ti que alimente ese fuelle. Tú eres una invención de mi mente. ¿Por qué estás aquí?

BYRON.— Ya te lo he dicho… necesitaba verte.

ADA.— No te has preocupado por mí en toda mi vida y ahora apareces sin razón alguna… ¿Por qué nunca antes has intentado verme?

BYRON.— He seguido tus pasos. Debes creerme. Deseaba saberlo todo de ti, pero … Quizá Annabella tiene razón y soy mejor padre en la distancia. Quizá no tuve tiempo suficiente como para….

ADA.— ¿Que no tuviste tiempo para conocer a tu única hija?

23

ADA.— Déjame que te diga una cosa, papá. El tiempo es el que es. Ni más ni menos. La vida es una continua ordenación de prioridades. Cuando uno dice que no tiene tiempo para hacer algo, lo que ocurre es que ese algo no está lo suficientemente arriba en la lista de prioridades. Así que deja de ser hipócrita y reconoce que tu hija no era lo suficientemente importante.

BYRON.— Pero ahora estoy aquí… contigo.

ADA.— Ahora es demasiado tarde papá.

22

BYRON.— Hija mía… he venido para acompañarte.

ADA.— ¿Qué quieres decir?

BYRON.— Se dice que toda la vida pasa ante nuestros ojos en el último minuto de existencia, como si fuese necesario efectuar un volcado de la mente antes de morir. Eso es lo que está pasando y quería estar a tu lado. Tras este minuto, Ada, tu luz se apagará.

21

ADA.— ¿Mi luz se apagará? ¿Pero entonces…? ¿Qué ha sido mi vida? Un continuo fracaso…

BYRON.— De ninguna manera… Ada…

ADA.— Una infancia encerrada, sin la figura de un padre que pudiese ampararme; media vida enferma. ¿De qué ha servido mi existencia? He malgastado todo mi tiempo con las matemáticas.

20

BYRON.— Gracias a las matemáticas te convertirás en una mujer muy importante.

ADA.— ¿Importante? ¿De qué han servido mis investigaciones? ¿Qué utilidad han tenido las matemáticas en mi vida o en la vida de los que me rodean?

19

Byron.— Las matemáticas te lo han dado todo.

Ada.— ¿Me lo han dado todo? ¿Quién lo sabe? ¿Tú? ¿Charles? Ahora, tras haber repasado mi vida me doy cuenta de que ha sido en vano. La máquina analítica no verá la luz y será como si nunca hubiese existido. Ese amor por Charles también se apagó. Ni siquiera mis notas tuvieron la difusión que esperaba, pues, aunque las firmé con mis iniciales, se descubrió que las había escrito una mujer y nadie podía asumir que algo tan extraordinario saliera de la mente de una mujer. ¿Dónde estabas tú papá?

18

ADA.— Ya sé a qué has venido. A torturarme con la visión de mi inútil existencia. Ese ha sido tu macabro regalo final después de tu ausencia durante toda mi vida. Tú eres el responsable del fracaso de mi vida.

BYRON.— Tu vida no ha sido un fracaso. Llegará el día en que tu luz volverá a brillar con gran intensidad, para dejar un eco que será recordado eternamente. Déjame decirte algo y luego, si quieres, me iré.

17

BYRON.— Los Byron llevamos en las venas un arte especial que es considerado como locura por los demás y tú no podías ser menos. Tu madre lo sabía y pretendió aplacarlo con el látigo de las matemáticas. Sin embargo, lo que consiguió fue una mezcla aún más potente. Las matemáticas han sido para ti el lenguaje en el que has podido expresar toda la poesía de los Byron. Ellas te dieron la habilidad para mover los hilos que proporcionaron una teoría maravillosamente descabellada.

16

BYRON.— Ada, serás una mujer muy relevante en el futuro. Un futuro que traerá cambios inimaginables. Las diferencias entre ser hombre o ser mujer se verán reducidas y finalmente el mundo hará justicia a tu vida. Tus investigaciones serán descubiertas. Serás la principal responsable de una auténtica revolución. Una nueva era tecnológica que guiará los pasos de la humanidad. Se producirá un avance prodigioso en el mundo gracias a ti, y a tus notas sobre la máquina analítica. Llegará el día en el que se reconocerá tu aportación; te dedicarán estudios, artículos, conferencias… Puede que incluso alguien escriba una obra de teatro sobre tu figura. Créeme, todo ha merecido la pena. Espero que te convenzas de ello y puedas irte tranquila.

ADA.— Papá… (BYRON *la ayuda a quitarse la bata.)*

BYRON.— Se acerca el final. Vienen tu madre y
   Charles.

>   ADA *se acerca a la cama y se mete dentro.*
>   *Vuelven de nuevo los terribles dolores y grita.*

15

ANNABELLA *entra con el láudano que había ido a buscar al comienzo de la obra.* BABBAGE *la acompaña.*

ANNABELLA.— Ada, el láudano te calmará. Toma bebe, bebe despacio. *(Ada parece calmarse.)* A ver si ahora consigues dormir.

ADA.— Tengo algo que pedirte, mamá.

BABBAGE.— Cálmate, Ada.

ADA.— Quisiera que Charles fuese mi albacea.

ANNABELLA.— ¿Por qué? ¿No te fías de tu madre?

ADA.— ¡Por favor…! ¡Mamá!

14

ANNABELLA.— Confiar a otro tu última voluntad… Eso me hace daño, Ada.

ADA.— ¡Mamá!

ANNABELLA.— Quizá no haya sido la mejor madre, pero todo ha sido por tu bien. *(Se arrodilla.)* Creo que no lo he hecho demasiado mal ¿verdad?

13

ADA.— No, mamá. No lo has hecho nada mal.

ANNABELLA.— Entonces… ¿Por qué quieres que Charles sea tu albacea?

ADA.— Quiero hacértelo más fácil. Todo lo que tengo es tuyo. Pero mi legado personal se compone de unos cuantos razonamientos matemáticos y unas notas añadidas al final de un artículo. Eso ha de gestionarlo Charles.

12

ANNABELLA.— Entiendo… Entiendo. *(Ada se recuesta.)*

ADA.— Hay algo más que deseo pedirte.

ANNABELLA.— Ya me lo dirás luego, ahora necesitas descansar.

ADA.— No. Espera…

BABBAGE.— *(Acercándose a Ada y tocándola.)* Deberías hacer caso a tu madre. Es mejor que descanses.

ADA.— Mamá, me voy. Dentro de unos momentos ya no estaré aquí.

II

ANNABELLA.— No pienses en eso y sigue luchado.

ADA.— El desenlace es inevitable, Mamá. Pero
no te preocupes, te aseguro que estaré bien.

ANNABELLA.— Hija…

10

Ada, con la voz entrecortada por el dolor y el pesar, busca fuerzas para decirle a su madre su último deseo.

ADA.— Quiero… Ser enterrada junto a mi padre. Ya que no lo tuve en mi vida, es mi deseo que me acompañe en mi muerte y por toda la eternidad.

ANNABELLA.— Ada…

ADA.— ¡Mamá..!

9

ADA *se retuerce y grita de dolor.*

ANNABELLA.— ¡Sr. Babbage! Haga el favor de sujetarla para que pueda darle otra medicina.

LADY BYRON *cruza hacia la mesita a por más medicinas.*

8

BABBAGE *trata de sujetar a* ADA *sin mucho éxito. Ella se zafa sin dejar de mover las manos y la cabeza.*

ADA.— ¡No! No quiero más medicinas.
ANNABELLA.— ¡Cariño! Te aliviará el dolor.

7

ADA.— ¡No quiero!
BABBAGE.— Haz caso a tu madre, Ada.

6

ADA.— ¡Me quema las entrañas! *(Annabella deja las medicinas en la mesa.)* ¡Me desgarra por dentro!

ANNABELLA.— ¡Hija!

5

ADA.— ¡Papá! ¿Dónde estás? ¡No me abandones ahora! ¡No me dejes de nuevo!

LORD BYRON *se va dando la vuelta.*

4

ANNABELLA.— ¡Soy mamá, cariño!
ADA.— ¡Charles…!
BABBAGE.— Sí, Ada.

3

ADA.— El mundo… tejerá… con nuestro telar numérico…

BABBAGE.— Ada… trata de descansar, por favor.

2

ADA.— ¡Mamá!

ANNABELLA.— Hija…

ADA.— ¡Perdóname! ¡Perdóname por seguir siendo una Byron hasta el final!

ANNABELLA.— Perdóname tú, hija mía. Por haber luchado contra eso.

ADA.— *(Abraza a la madre.)* ¡Mamá, entiérrame junto a la tumba de papá!

I

ANNABELLA.— Ada…

ADA.— Mamá… *(se muere en los brazos de Anna-bella, que llora desconsolada.* BABBAGE *y* AN-NABELLA *se abrazan.)*

○

Aᴅᴀ *sale de la cama mientras se oye una música y camina hacia su padre.* Aɴɴᴀʙᴇʟʟᴀ *y* Bᴀʙʙᴀɢᴇ *salen.*

Bʏʀᴏɴ.— ¡Toda la eternidad! Eso es mucho tiempo.

Aᴅᴀ.— Puedo aceptar el concepto de eternidad. Es enormemente matemático. El infinito, sin duda está tras la muerte. O puede que lo esté el vacío. En cualquier caso, son dos conceptos inmensos.

Bʏʀᴏɴ.— ¿Te has dado cuenta de que somos de la misma edad? Una macabra coincidencia.

Aᴅᴀ.— ¿Será una maldición? (Aᴅᴀ *se gira hacia el público.)* La maldición de los Byron de morir jóvenes.

Bʏʀᴏɴ.— (Lᴏʀᴅ Bʏʀᴏɴ *se gira hacia el público.)* Uno vive en el recuerdo de los demás por lo que ha hecho. Por el peso de sus acciones. Tu vida comienza ahora en la memoria de los demás.

Serás un ejemplo para muchas personas y te convertirás en inmortal.

ADA.— Tú ya lo eres.

BYRON.— Sí. Y Ahora los dos lo seremos. ¿Sabes que te escribí unos versos en mi obra *Las peregrinaciones de Childe Harold*? Siempre soñé con recitártelos.

ADA.— *(Girándose hacia su padre.)* ¿Por qué no lo haces ahora? Creo que es un buen momento.

Byron se gira aceptando la propuesta.

BYRON.— Aunque a odiarme te enseñen como
                    [si fuera un deber,
sé que me amarás; aunque mi nombre
                       [te oculten
como un embrujo aún cargado
de desolación, y una exigencia incumplida;
aunque la tumba se cierre entre uno y otro,
                     [lo mismo da,
sé que me amarás; aunque se propusieran
sacar mi sangre de tu ser, y lo consiguieran,
sería en vano: aun así me amarás,
más de lo que la vida puede abarcar[1].

[OSCURO PROGRESIVO]

---

[1] Párrafo extraído del libro *El Algoritmo de Ada*, de James Essinger.

APÉNDICE BIOGRÁFICO
DE LOS PERSONAJES

ADA BYRON (1815 – 1852). También conocida como Ada Lovelace, es hija de Lord Byron y una de las mujeres más relevantes de la historia. Es considerada como la madre de la informática actual. Ada se separó de su padre cuando apenas contaba un mes de vida y fue educada por su madre de una manera rígida, en donde las Matemáticas fueron la materia predominante. Su posición acomodada le permitió conocer a personas influyentes, como Charles Babbage, matemático importante de la época, que ideó la máquina analítica como una especie de calculadora mecánica. Ada fue una visionaria sobre las capacidades de la máquina analítica de Babbage y predijo que podría realizar mucho más que simples cálculos, poniendo las bases de la informática. No en vano es la primera persona que realizó algo parecido a un programa de ordenador, cuando estas palabras no tenían aún la acepción que hoy conocemos. Sin embargo, su condición de mujer la silenció y sus investigaciones no fueron tomadas en cuenta hasta casi un siglo después. Murió con treinta y seis años de cáncer de útero.

ANNABELLA (LADY BYRON) (1792-1860). Estudió matemáticas y astronomía. Su posición social en la aristocracia británica le permitió instruirse y relacionarse con la alta sociedad de la época. Fruto de su matrimonio con Lord Byron, nació su única hija, Ada Byron. Los devaneos y continuas infidelidades del poeta romántico provocaron su ruptura matrimonial. Lady Byron nunca volvió a contraer matrimonio y se dedicó a educar a su hija para que fuese una mujer independiente y formada. Fue además una luchadora incansable por la igualdad de las mujeres, una defensora de los más desfavorecidos y activista para la abolición de la esclavitud. Falleció de cáncer de mama un día antes de cumplir sesenta y ocho años.

LORD BYRON (1788-1824). Poeta, máximo exponente del romanticismo británico. Ya desde su infancia fue educado en el sexo y desenfreno por su niñera. Estudiante brillante, siempre destacó por sus devaneos y vida de despilfarro. Se le atribuyen múltiples infidelidades durante su matrimonio con Annabella Byron, incluyendo relaciones sexuales con su hermanastra. Una vez expulsado de casa por su esposa, Lord Byron continuó con su vida disoluta, dedicándose también a aumentar su producción poética. Su férreo compromiso con sus creencias y convicciones, le llevó a Grecia en el último año de su vida para luchar por la independencia del país contra el Imperio Otomano. Allí contrajo una enfermedad, presumiblemente tifus, y murió desangrado debido a las sangrías que le practicaron. Tenía treinta y seis años, la misma edad a la que falleció su hija Ada, tiempo después.

CHARLES BABBAGE (1791-1871). Matemático y científico británico que realizó investigaciones en muchos campos como la economía o la criptografía. Fue profesor en Cambridge y entre sus inventos están el franqueo de los sellos por zonas y el denominado «apartavacas», que es la estructura saliente, inclinada y terminada en pico, que tenían las locomotoras de la época abajo en la parte delantera. Su uso consistía en apartar cualquier obstáculo que hubiese en la vía. Babbage pasó a la historia por ser el ideólogo de la máquina diferencial y la máquina analítica, considerada por muchos el dispositivo precursor de los actuales computadores. Sin embargo, la realidad es que nunca llegó a finalizar dichos dispositivos, pues siempre estaba pensando en cómo mejorarlos sin acabar de construirlos, tarea que en la época era enormemente complicada. Falleció de una insuficiencia renal a los setenta y nueve años.

BIOGRAFÍA

César Alonso, natural de Oviedo, es doctor en Matemáticas por la Universidad de Cantabria desde 1994 y titulado en Arte Dramático por la ESAD de Asturias desde el año 2017. Además de la actividad profesional teatral, realiza también labores docentes en la Universidad de Oviedo, impartiendo clases en los grados de Matemáticas e Informática.

Durante la primera mitad de su vida se dedicó a las Matemáticas, tanto en labores docentes como investigadoras. Su relación con el teatro de forma comprometida comenzó en el año 2011. Tras asistir a múltiples talleres teatrales, decidió matricularse en la Escuela Superior de Arte Dramático del Principado de Asturias (ESAD).

Después de terminar los estudios de Arte Dramático, funda en el año 2019, junto con otros compañeros, la compañía profesional de Teatro A66 Producciones, que en el año 2022 cambia su nombre a La Westia Producciones. Es con esta compañía con la que realiza la mayor parte de sus trabajos actorales en el plano profesional.

En el terreno de la escritura y dramaturgia, ha escrito hasta la fecha tres libros de pequeños relatos y varias piezas teatrales, siendo *Ada Byron: la tejedora de números*, la más importante hasta el momento, con la que la compañía obtuvo el Premio Jovellanos a la Producción Escénica 2023.

ÍNDICE

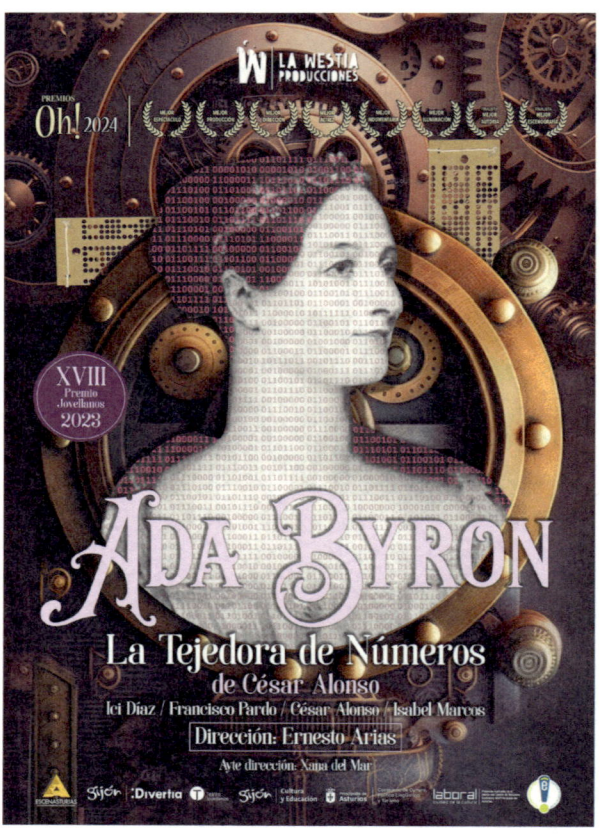

Cartel de la primera representación:
EL ESTRENO ABSOLUTO DE LA OBRA SE PRODUJO
EL 23 DE SEPTIEMBRE DE 2023 EN EL TEATRO JOVELLANOS
DE GIJÓN.

CUADERNOS DE PLATEA
TÍTULOS

~

ESTE LIBRO SE TERMINÓ DE COMPONER
EL I DE SEPTIEMBRE DE 2024, ONOMÁSTICA
DE SAN GIL DE CASAIO, MONJE QUE TERMINÓ
SUS DÍAS COMO EREMITA EN LOS MONTES
ASTORGANOS, EN EL SIGLO XII.
EN ESA FECHA SE CUMPLÍAN 7.533 AÑOS
DESDE LA CREACIÓN DEL MUNDO,
SEGÚN EL CALENDARIO BIZANTINO,
CÓMPUTO REALIZADO POR
PANODORO DE ALEJANDRÍA
AL FIJAR SU PARTICULAR
ANNO MUNDI O
ETOS KOSMOU.

~